বিষয় সূচি

AF834199

ভূমিকা

শ্রী শ্রী বিপত্তারিণী পূজা বাঙালি গৃহস্থ জীবনের এক গভীর বিশ্বাস, ভরসা ও আশ্রয়ের নাম। সংসারের নানাবিধ বিপদ, দুঃখ, অনিশ্চয়তা ও অমঙ্গল থেকে পরিবার ও পরিজনকে রক্ষা করার জন্য আষাঢ় মাসে নিষ্ঠা ও ভক্তিসহকারে এই পূজা ও ব্রত পালন করা হয়। বিশেষত পশ্চিমবঙ্গের গ্রামবাংলা ও শহুরে বাঙালি সমাজে মা বিপত্তারিণী এক অতি আপন ও করুণাময় দেবীরূপে পূজিতা।

'বিপত্তারিণী' শব্দের অর্থ—যিনি বিপদ থেকে উদ্ধার করেন। শাস্ত্র মতে মা বিপত্তারিণী দেবী দুর্গার ১০৮টি স্বরূপের অন্যতম। লোকাচার ও ভক্তবিশ্বাসে তিনি সেই মাতৃশক্তি, যিনি সন্তানের সমস্ত দুঃখ, ভয় ও সংকট নিজের করুণায় নাশ করেন। বিশ্বাস করা হয়—শ্রদ্ধা, সংযম ও শুদ্ধ মনে বিপত্তারিণী পূজা করলে দেবী সংসারের উপর রক্ষাকবচ রূপে অবস্থান করেন।

এই পূজা সাধারণত আষাঢ় মাসে রথযাত্রা ও উল্টো রথের মধ্যবর্তী সময়ে মঙ্গলবার বা শনিবারে অনুষ্ঠিত হয়। পূজার একটি বিশেষ বৈশিষ্ট্য হল **১৩ সংখ্যার**

মাহাত্ম্য—১৩ রকম ফুল, ফল, পান, সুপারি এবং ১৩ গিঁট ও দূর্বা ঘাসযুক্ত লাল সুতো। এই লাল সুতো বা তাগা বিপত্তারিণী পূজার প্রধান প্রতীক, যা ভক্তের হাতে ধারণ করা হয় বিপদ থেকে রক্ষার সংকল্প হিসেবে।

মা বিপত্তারিণী পূজা কেবল একটি আচারমাত্র নয়—এটি গৃহস্থ জীবনের রক্ষা-সাধনা। বিশেষ করে নারীরা এই ব্রত পালন করেন স্বামী, সন্তান ও পরিবারের সার্বিক মঙ্গলের জন্য। এই পূজার মাধ্যমে নারীর ধৈর্য, সহনশীলতা ও অন্তর্নিহিত শক্তির প্রকাশ ঘটে—যার মধ্য দিয়ে সংসারে শান্তি ও স্থিতি প্রতিষ্ঠিত হয়।

এই বইটি **"শ্রী শ্রী বিপত্তারিণী পূজা"**-তে পাঠক পাবেন
—
ভূমিকা থেকে শুরু করে পূজার তিথি, উপকরণ, শুদ্ধ পূজা বিধি, ব্রতকথা, পাঁচালী, মন্ত্র, আরতি, ক্ষমা প্রার্থনা, বিসর্জন পদ্ধতি এবং লোকাচারভিত্তিক বিধিনিষেধের সুসংবদ্ধ বিবরণ। গ্রামবাংলার প্রাচীন বিশ্বাস ও শাস্ত্রসম্মত রীতিকে একত্রে সংরক্ষণ করাই এই বইয়ের মূল উদ্দেশ্য।

পূজার ফর্দ

তেরো রকমের ফুল

তেরো রকমের ফল

তেরোটি পান পাতা

১৩টি সুপারি

লাল সুতো (ধাগা) – ১৩ গাছা,

- যার সঙ্গে ১৩টি দুর্বা ঘাস
- এবং ১৩ অথবা ১৪টি গিঁট বেঁধে ডোর / তাগা প্রস্তুত করা হয়

শীষ (জটা) সহ নারকেল (ডাব)

আমের পল্লব (পাতা)

পূজার জন্য অতিরিক্ত ফুল

ধূপ

ধূনা

শঙ্খ

প্রদীপ (দীপ)

পূজার থালা

ভোগ বা নৈবেদ্য হিসেবে ১৩টি লুচি

১৩টি পৈতে (যজ্ঞোপবীত)

১৩টি লবঙ্গ

১৩টি ছোট এলাচ

১৩টি বড় এলাচ

পূজা শেষে পুরোহিতকে দেওয়ার জন্য যথাসাধ্য দক্ষিণা

বিশেষ মন্তব্য

পূজা শেষে এই লাল সুতো (তাগা)

- নারীরা **বাঁ হাতে**
- পুরুষরা **ডান হাতে** বাঁধেন।

  এই তাগা **অন্তত তিন দিন** ধারণ করা হয়।

  ১৩ সংখ্যা এই পূজার প্রধান **আধ্যাত্মিক ভিত্তি** হিসেবে বিবেচিত হয়।

বিপত্তারিণী ব্রত পালনের নিয়ম ও বিধি

- বিপত্তারিণী ব্রত পালন করার সময় কিছু বিশেষ সংযম, নিয়ম ও আচরণ মেনে চলা প্রয়োজন। বিশ্বাস করা হয় যে এই নিয়মগুলি যথাযথভাবে পালন করলে ব্রতের আধ্যাত্মিক শক্তি বৃদ্ধি পায় এবং পূর্ণ ফল লাভ করা যায়।
- ব্রত পালনের **এক দিন আগে** কেবলমাত্র **শুদ্ধ নিরামিষ আহার** গ্রহণ করা উচিত।
- ব্রতের **মূল দিনে সাধারণত সম্পূর্ণ উপবাস** পালন করা হয়। পূজা সম্পন্ন হওয়ার পরেই **প্রসাদ গ্রহণ করে উপবাস ভাঙা** হয়।
- এই ব্রত মূলত **সন্তান ও পরিবারের সকল সদস্যকে নানাবিধ বাধা, সংকট ও দুর্ভাগ্য থেকে রক্ষা করার উদ্দেশ্যে** পালন করা হয়।
- বিপত্তারিণী পূজার দিনে **চাল ও গমজাত খাদ্য পরিহার করা শ্রেয়** বলে মানা হয়।
- পূজা চলাকালীন সময়ে **সম্পূর্ণ নীরবতা পালন করা উচিত।**

- পূজার সময় **কখনও কাউকে অপমান করা বা কঠোর বাক্য ব্যবহার করা উচিত নয়**। বিশেষত কোনও নারীর প্রতি **অশালীন, অসম্মানজনক বা কটুক্তিমূলক ভাষা ব্যবহার সম্পূর্ণ নিষিদ্ধ**, কারণ এতে মা বিপত্তারিণী অসন্তুষ্ট হন বলে বিশ্বাস করা হয়।
- **অপরিষ্কার, অন্ধকার বা অপবিত্র স্থানে** বিপত্তারিণী পূজা করা উচিত নয়।
- বিপত্তারিণী পূজার দিনে **কাউকে চিনি দেওয়া বর্জনীয়**। প্রচলিত জ্যোতিষীয় বিশ্বাস অনুযায়ী চিনির সঙ্গে শুক্র ও চন্দ্র গ্রহের সম্পর্ক রয়েছে। শুক্র ভোগ ও পার্থিব সুখের কারক গ্রহ হওয়ায়, এই দিনে চিনি প্রদান করে না |
- বিপত্তারিণী পূজা প্রধানত **মহিলাদের দ্বারা পালন করা হয়**। এই ব্রত সাধারণত **রথযাত্রা ও উল্টো রথের মধ্যবর্তী সময়ে পড়া মঙ্গলবার ও শনিবারে** উপবাসসহকারে পালন

করা হয়, যখন ভক্তরা গভীর শ্রদ্ধায় দেবীর আরাধনায় অংশগ্রহণ করেন।

- ব্রত পালনের সময় **মহিলাদের পায়ে আলতা ও কপালে সিঁদুর পরিধান করা শুভ** বলে মনে করা হয়। এটি দাম্পত্য মঙ্গল ও ভক্তির প্রতীক।
- এই ব্রত **নারী ও পুরুষ উভয়েই পালন করতে পারেন**। তবে ব্রতকালীন সময়ে **আমিষ আহার, মদ্যপান এবং যে কোনও ধরনের নেশাজাত দ্রব্য সম্পূর্ণরূপে বর্জনীয়**।
- প্রয়োজনে ব্রত পালনকারী ব্যক্তি **ফল ও জল গ্রহণ করতে পারেন**। যাঁদের স্বাস্থ্যগত সমস্যা রয়েছে, তাঁদের ক্ষেত্রে **কঠোর উপবাস পালন না করাই শ্রেয়**।
- মনস্কামনা পূর্ণ করার উদ্দেশ্যে **লাল পবিত্র সুতো (ডোর বা তাগা)** হাতে ধারণ করা হয়। বিশ্বাস করা হয় যে এই সুতো ধারণ করলে ধারক নানাবিধ বিপদ থেকে রক্ষা পান।

- এই পবিত্র সুতোতে **তেরো বা চৌদ্দটি গিঁট** দেওয়া হয় এবং এর সঙ্গে **তেরোটি দুর্বা ঘাস** বাঁধা থাকে।
- ব্রত পালনকারী ব্যক্তি এই লাল সুতো
  - **নারীরা বাঁ হাতে**,
  - **পুরুষরা ডান হাতে** ধারণ করেন।
- দেবীর পূজা **তেরো রকমের ফল ও তেরো রকমের ফুল নিবেদন করে** সম্পন্ন করা হয়, যা এই পূজার একটি বিশেষ প্রথা।
- **সন্ধ্যাকালে পূজার সঙ্গে আরতি** করা হয়, যার মাধ্যমে পূজা বিধি সম্পূর্ণতা লাভ করে।
- সকল প্রকার বিপদ থেকে রক্ষা, পরিবারের মঙ্গল এবং মনস্কামনা পূর্ণ করার উদ্দেশ্যে কিছু ভক্ত **দণ্ডি কাটা (সাষ্টাঙ্গ প্রণাম)** করেন।
- দণ্ডি কাটার আগে ভক্তরা **নিকটবর্তী নদী বা জলাশয়ে স্নান** করেন এবং তারপর পূজাস্থলে এসে মা বিপত্তারিণীর আরাধনা করেন।

মা বিপত্তারিণী পূজা বিধি

আচমন (দেহশুদ্ধি)

স্নান করে শুদ্ধ ও পরিষ্কার বস্ত্র পরিধান করুন। পূজাস্থান পরিষ্কার করে লাল বা হলুদ আসন পেতে নিন। পূর্ব অথবা উত্তরদিকে মুখ করে আসনে বসুন।

ওঁ কেশবায় নমঃ
ওঁ নারায়ণায় নমঃ
ওঁ মাধবায় নমঃ

সংকল্প

হাতে জল, ফুল ও চাল নিয়ে সংকল্প করুন।

ওঁ বিষ্ণুর্ ওঁ তৎ সৎ

(এই পূজা ও কর্ম সর্বব্যাপী পরম সত্যে অর্পণ করা হল।)

অহং (নিজের নাম) (অমুক) গোত্র উৎপন্নঃ (অমুক) তিথি-নক্ষত্রে সকল বিপদ-নাশার্থং শ্রী শ্রী মা বিপত্তারিণী দেবী পূজাং করিষ্যে ॥

ভূ শুদ্ধি

ওঁ ভূম্যৈ নমঃ। ওঁ ভূম্যৈ নমঃ। ওঁ ভূম্যৈ নমঃ।

আসনশুদ্ধি

ওঁ আধার-শক্তয়ে নমঃ ।
ওঁ কমলাসনায় নমঃ ॥

ওঁ আসন-মন্ত্রস্য
মেরু-পৃষ্ঠ ঋষিঃ ।
সুতলং ছন্দঃ ।
কূর্মো দেবতা ।
আসনোপবেশনে বিনিয়োগঃ ॥

ওঁ পৃথিবী ত্বয়া ধৃতা লোকাঃ
দেবি ত্বং বিষ্ণুনা ধৃতা ।
ত্বং চ ধারয় মাং নিত্যং
পবিত্রং কুরু চাসনম্ ॥

জলশুদ্ধি

ওঁ আধারশক্তরো নমঃ।

ওঁ অনন্তায় নমঃ।

ওঁ পৃথ্বৌ নমঃ।

ওঁ কূর্ম্মায় নমঃ।

ওঁ গঙ্গে চ যমুনে চৈব গোদাবরী সরস্বতী।
নর্মদে সিন্ধু কাবেরি জলেহ্স্মিন্ সন্নিধিং কুরু॥

পুষ্পশুদ্ধি

ওঁ

পুষ্পে পুষ্পে মহাপুষ্পে সুপুষ্পে পুষ্পসম্ভবে

পুষ্পচয়াবকীর্ণে চ হূঁ ফট্ স্বাহা।

ঘটস্থাপন

ওঁ সর্বতীর্থদ্ভবং বারি সর্বদেবসমন্বিতম।
ইমং ঘটং সমারুহ্য তিষ্ঠ দেবগণৈঃ সহ॥

গণেশাদি দেবতার পূজা

ওঁ গণেশায় নমঃ ।
ওঁ শিবায় নমঃ ।
ওঁ পার্বত্যৈ নমঃ ।
ওঁ বিষ্ণবে নমঃ ।
ওঁ লক্ষ্ম্যৈ নমঃ ।
ওঁ দুর্গায় নমঃ ।
ওঁ নবগ্রহেভ্যো নমঃ ।
ওঁ কুলদেবতাভ্যো নমঃ ।
ওঁ অষ্টদিক্‌পালেভ্যো নমঃ ॥

গন্ধাদি অর্চনা

উপচার (পঞ্চোপচার বা ষোড়শোপচার)

ওঁ গন্ধং সমর্পয়ামি ।
ওঁ পুষ্পং সমর্পয়ামি ।
ওঁ ধূপম্ আঘ্রাপয়ামি ।
ওঁ দীপং দর্শয়ামি ।
ওঁ নৈবেদ্যং নিবেদয়ামি ।
ওঁ নমঃ ॥

মা বিপত্তারিণী ধ্যান

রক্ত-বাসনা-শোভনা শঙ্খ-চক্র-গদা-ধরা ।
সর্ব-বিপদ্-হর্ত্রী চ বিপত্তারিণী নমোস্তুএ ॥

দেবী আবাহন

ওঁ বিপত্তারিণী দেবীম্ আহ্বাহয়ামি ।

স্থাপয়ামি ।

ধ্যানয়ামি ॥

পঞ্চোপচার / ষোড়শোপচার পূজা

ওঁ স্নানীয়ং সমর্পয়ামি ।

(শুদ্ধিকরণের জন্য এই জল অর্পণ করছি।)

ওঁ বস্ত্রং সমর্পয়ামি ।

(ভক্তি ও শ্রদ্ধাসহ বস্ত্র অর্পণ করছি।)

ওঁ উপবস্ত্রং সমর্পয়ামি ।

(অতিরিক্ত বস্ত্র শ্রদ্ধার সঙ্গে অর্পণ করছি।)

ওঁ গন্ধং সমর্পয়ামি ।

(পবিত্রতা ও মঙ্গলার্থে চন্দন বা সুগন্ধ অর্পণ করছি।)

ওঁ পুষ্পং সমর্পয়ামি ।

(ভক্তির প্রতীক হিসেবে পুষ্প অর্পণ করছি।)

ওঁ ধূপম্ আঘ্রাপয়ামি ।

(পবিত্র সুগন্ধের জন্য ধূপ অর্পণ করছি।)

ওঁ দীপং দর্শয়ামি ।

(অন্ধকার নাশ ও দিব্য আলোর জন্য দীপ নিবেদন করছি।)

ওঁ নৈবেদ্যং নিবেদয়ামি ।

(ভক্তিসহ প্রস্তুত নৈবেদ্য অর্পণ করছি।)

ওঁ আচমনীয়ং সমর্পয়ামি ।

(নৈবেদ্যের পর আচমনের জন্য জল অর্পণ করছি।)

ওঁ তাম্বূলং সমর্পয়ামি ।

(শ্রদ্ধাস্বরূপ তাম্বূল অর্পণ করছি।)

ওঁ ফলং সমর্পয়ামি ।

(সমৃদ্ধি ও কৃতজ্ঞতার প্রতীক হিসেবে ফল অর্পণ করছি।)

ওঁ দক্ষিণাং সমর্পয়ামি ।

(শ্রদ্ধা ও কৃতজ্ঞতার নিদর্শনস্বরূপ দক্ষিণা অর্পণ করছি।)

ওঁ পুনরাচমনীয়ং সমর্পয়ামি ।

(পূজা সমাপ্তির চিহ্ন হিসেবে পুনরায় আচমনীয় জল অর্পণ করছি।)

ওঁ পুষ্পং সমর্পয়ামি ।

(কৃতজ্ঞতা ও আত্মসমর্পণের সঙ্গে পুষ্প অর্পণ করছি।)

ওঁ প্রদক্ষিণং সমর্পয়ামি ।

(শ্রদ্ধাভরে দেবীর প্রদক্ষিণ করছি।)

ওঁ নমস্কারং সমর্পয়ামি ।

(ভক্তিভরে প্রণাম নিবেদন করছি।)

উপচার (পূজার নিবেদন পদ্ধতি)

উপচার বলতে পূজার সময় দেবতার উদ্দেশ্যে শ্রদ্ধা ও ভক্তিসহ যে বিভিন্ন সেবারূপ নিবেদন করা হয়, তাকে বোঝায়। এই উপচার দেবতার প্রতি ভক্তের সম্মান, সমর্পণ ও আন্তরিকতার প্রকাশ।

মন্ত্র

মূল মন্ত্র

ওঁ বিপত্তারিণ্যৈ নমঃ

(১০৮ বার জপ করবেন)

বিপত্তারিণী প্রণাম মন্ত্র

সর্ব মঙ্গল মঙ্গল্যে
শিবে সর্বার্থ সাধিকে ।
শরণ্যে ত্র্যম্বকে গৌরি
নারায়ণি নমোস্তুএ ॥
সৃষ্টি স্থিতি বিনাশনং
শক্তি ভূতে সনাতনি ।
গুণাশ্রয়ে গুণময়ে
নারায়ণি নমোস্তুএ ॥
শরণাগত দীনার্ত
পরিত্রাণ পরায়ণে ।
সর্বস্যার্তি হরে দেবি
নারায়ণি নমোস্তুএ ॥

পুষ্পাঞ্জলি

লাল ফুল, পবিত্র দূর্বা ঘাস ও বিল্বপত্র দিয়ে পুষ্পাঞ্জলি অর্পণ করুন।

ওঁ বিপত্তারিণী দেবি নমঃ ।
সর্ব-বিপদ্-হারিণী নমঃ ।
সর্ব-ভয়-বিনাশিনী নমঃ ।
সর্ব-শোক-নিবারিণী নমঃ ।
পুষ্পং সমর্পয়ামি ॥

বিপত্তারিণী ব্রত কথা ও পাঁচালি

মঙ্গলাচরণ (আবাহন ও ধ্যান)

মাসি পুণ্যতমে বিপ্র মাধবে মাধবপ্রিয়ে ।
নবম্যাং শুক্লপক্ষে চ বাসরে মঙ্গল শুভে ॥
সার্প ঋক্ষ্যে চ মধ্যাহ্নে জানকী জানকালয়ে ।
আবির্ভূতা স্বয়ং দেবী যোগেষু শোভনেষু ॥

নারদ–শিব বার্তা

হরিনামে মগ্ন নারদ, ভ্রমণ করেন ত্রিভুবনে,
হঠাৎ একদিন উপস্থিত হলেন শিবের লোক
কৈলাসে।
মহাদেব সেথা বসেন গৌরী-সঙ্গে আনন্দে,
শান্তিময় শোভা চারিদিকে দিব্য জ্যোতির
ছন্দে।
নারদ মুনি শিবেকে প্রণাম করিয়া,
ভক্তি জানান করজোড়ে মন ভরিয়া।
মহাদেব জিজ্ঞাসিলেন— "হে মুনি, আসার কি
কারণ?
লোক ভ্রমণ ছেড়ে হঠাৎ কৈলাসে কিহেতু
আগমন?"
নারদ বলিলেন— "প্রভু, জ্ঞান লাভের
আশায়,
নারীর দুঃখ হেরি মন বড় বিষাদময়।
কোন ব্রতে নারী শান্তি পায়, দুঃখ যায়, পায়
মুক্তি।
বিপদ মাঝে-ও যে নারী সাহস রাখে বুকের

ভিতরে,
তাদের উদ্ধারের পথ প্রভু দয়া করে বলো
মোরে।”
শিব বলিলেন— “হে নারদ, ভালো প্রশ্ন তুমি
করো,
নারী মঙ্গলের কথা মন দিয়ে শোনো।
আষাঢ় মাসে শুভ দিনে যে নারী শ্রদ্ধা ভরে,
মা বিপত্তারিণীর ব্রত নিয়ম মেনে করে।
তার সব দুঃখ নাশ হয়, বিপদ দূরে যায়,
শান্তি-মঙ্গল ঘরে আসে, দুর্ভাগ্য পালায়।
যে নারী এই ব্রত পালন করে পবিত্র মন নিয়ে,
নিমিষ-মাত্রে সব সংকট যায় তার দূরিয়ে।”
এই কথা শুনে নারদ আনন্দে মন ভরে,
জগতে ছড়িয়ে দিলেন কথা নারী-কল্যাণের
তরে।
আগে স্তুতি গণপতি বিঘ্ন নাশনে,
সকল কাজ সিদ্ধি বিনা ব্যবধানে।
নমো নমো গজানন, বিঘ্ন-বিনাশন,

নমো প্রভু মহাকায়, মহেশ-নন্দন।
নমো নমো লম্বোদর, নমো গণপতি,
যার মা আদি শক্তি, দেবী ভগবতী।
সর্বদেবের আগে, যার সভায় মান,
ব্রহ্মা-বিষ্ণু-শিব করেন যার মান।
এই পাঁচালী যে পড়ে বা শোনে শ্রদ্ধা-ভক্তি
ভরে,
মা বিপত্তারিণী থাকেন তার হৃদয়-মন্দিরে।

সত্যনিষ্ঠ রাজার কাহিনি

পূর্বকালে ভারতবর্ষে, ধর্মপথে এক রাজ্য ছিল,
সত্যনিষ্ঠ রাজা সেথানে ভগবতের ভক্ত ছিল।
একরকম থাকে না কভু সময়, চলিছে সে সুখ-
দুঃখের ঘোরায়।
এক সময় রাজ্যে নেমে এলো বিপদের ভীষণ
ঝড়।
কোথাও রোগ, কোথাও শোক, কোথাও
অন্নাভাবের জ্বালা ঘোর।
অগ্নি-জল-বায়ু একসাথে ভাঙল শান্তির মাপ।

মা কাঁদে তার শিশুর তরে,
নারী দেখে স্বামীর ব্যথার চাপ।
ঋণ ও শত্রু ঘেরাও করে মানুষ-জীবন দিন-রাতে।
রাজা সভা আহ্বান করেন, চিন্তা কী ভাবে কাটে।
ঋষি-মুনি, ব্রাহ্মণ, তপস্বী— বলুন বিপদ-
হারার উপায়।
ধ্যানে বসে ঋষিরা বললেন—“শুনো মন দিয়ে
আমাদের আহ্বান।
শক্তি বিনা উদ্ধার নাই সংসার-নদীর কূলে।
আষাঢ় মাস শুক্ল পঞ্চমী, মায়ের ব্রত করো
সবাই মিলে।
করুণাময়ী মা বিপত্তারিণী, অভয় মুদ্রা ধরে,
ভক্ত-জীবন রক্ষা করে দুঃখ-ভয় হরে।”
ঋষি-বাক্য শুনে রাজা প্রজাদের আদেশ দিলেন,
কলশ স্থাপিত হলো, শঙ্খ-ঘণ্টা বাজলেন।
রাজা নিজে নির্জল ব্রতে মায়ের শরণ নিলেন,
ভক্তিভরে মন মাতিয়ে চরণে অঞ্জলি দিলেন।

সেই রাজ্যে ছিল এক নারী, দুঃখে ভরা তার দিন,
রোগ-গ্রস্ত তার স্বামী, ঋণে ডুবিয়া অন্নবিহীন।
তবু ছিল বুকের ভিতর বিশ্বাস ছিল দৃঢ়—
"মা বিপত্তারিণী আছেন," এই আশাতেই সুখ।
অজ্ঞানে অপরাধ করেছি না বুঝি কারণ
ক্ষেমাময়ী মা ক্ষমা করো তোমার নিজগুণ
বিপদের মাঝে আজি পড়ে আছি দয়াময়ী
দীনের রক্ষিকা মা মোরে করো অনুগ্রহী
দুর্গা তুমি দুঃখহারিণী দুর্গতি ভঞ্জনী
মহাকালী মহারূপা তুমি তারা জননী
সঙ্কটে ঘিরেছে প্রাণ হে সঙ্কটনাশিনী
বিপদ থেকে উদ্ধার করো হে কাত্যায়নী
অভয়া প্রদায়িনী মা তুমি মহামায়া
ঘোর বিপদে মোরে দাও তোমার পদছায়া
যতক্ষণ থাকিবে প্রাণ এ দেহের ভিতরে
ততক্ষণ এই ব্রত পালিব তোমার তরে
রাত্রি শেষে স্বপনে এলেন লাল বসনা ধরি,
মুখে করুণ শীতল হাসি, চোখে স্নেহের ঝরি।

"ভয় পেও না গো মা," বললেন মা শান্ত সুরে,
"তোমার ব্রত গ্রহণ করলাম, বিপদ গেল
সুদূরে।"
পরদিন থেকে হঠাৎ দেখি বদলে গেল রাজ্য,
রোগ গেল, ঋণও ঘুচল, জাগল সবার ভাগ্য।
যে ঘরে মায়ের নাম থাকে, সেই ঘরে দুঃখ নাই,
যে মনে মায়ের বিশ্বাস আছে,
তার বিপদ থাকার উপায় নাই।
বৃষ্টি হলো সময়মতো, ফসল ভরে উঠল,
রাজ্যে আবার শান্তি-সুখে আনন্দের বেগ
ছুটল।
রাজা বলেন প্রজাগণকে— "সব মায়ের কৃপা
জানো,
শ্রদ্ধাভরে ব্রত করো, তাঁহার ভজন ভজো।"
আষাঢ়ের শুক্লপক্ষের পবিত্র নবমী দিনে
এই পবিত্র ব্রত পালন করবে সকল নারী মনে
অগ্রদিনে হবিষ্য অন্ন করবে গ্রহণ
শনি বা মঙ্গল দিনে হবে পূজার আয়োজন
ত্রয়োদশ ফল দিয়ে সম্পূর্ণ পূজা হবে

স্নান শুদ্ধ হয়ে মঙ্গল ঘট স্থাপন করবে
ধূপ দীপ ধুনা দিয়ে সাজাবে অর্চন
আনন্দে বসিবে সবে ভক্তিভরা মন
পূজা শেষে সকলে প্রণাম করিবে
মনের ইচ্ছা পূর্ণ হবে নিশ্চয় জানিবে
তেরোটি গাঁথানো রক্তরঙা সুতা
হাতে বাঁধবে সকলে ভুল কোরো না এটা
শ্রদ্ধাভরে এই ব্রত যদি করে কেহ
মর্ত্যেতেই লভে সে স্বর্গের সুখ সে-ই
যে গৃহে বিপত্তারিণী ব্রতের পালন
সে গৃহ হয় সবার প্রিয় দর্শন
দুঃখ ক্লেশ দূরে যায় বিপদ হয় নাশ
দিনে দিনে বৃদ্ধি পায় সম্পদের প্রকাশ
জয় মা বিপত্তারিণী

ইতি শ্রীশ্রী বিপত্তারিণী পাঁচালী

মা বিপত্তারিণী আরতি

জয় মা বিপত্তারিণী দেবী,
করুণা-সিন্ধু মা।
বিপদ-দলন কারিণী জননী,
দুঃখ-হারিণী মা॥
শান্ত মূর্তি, সৌম্য রূপিণী,
শঙ্খ-চক্র ধারণী মা।
ভয়-নাশিনী, শোক-হারিণী,
অভয়-দায়িনী মা॥
রোগ-হারিণী, শত্রু-নাশিনী,
মঙ্গল-কারিণী মা।
আষাঢ় মাসের শুভ দিনে,
যে তোমায় স্মরণ করে মা,
তার ঘরে শান্তি নামে,
দুঃখ যায় সরে মা॥
ধূপ-দীপের আলো জ্বেলে,
হৃদয় তোমায় ডাকি মা।
ভক্তি-মনে করো জুড়ে,
তোমায় শরণ করি মা॥

ভক্তের ব্যথা শুনে,
দয়া-দৃষ্টি দাও মা॥
যে করে তোমার পূজা,
শ্রদ্ধা-ভক্তি নিয়ে মা,
তার জীবন বিপদ-মুক্ত হয়,
তোমারই কৃপায় মা॥
জয় মা বিপত্তারিণী দেবী,
সর্ব মঙ্গল দায়িনী মা।
চরণতলে শরণ রাখো,
এই মিনতি নাও মা॥

সমাপন জপ

ওঁ বিপত্তারিণ্যৈ নমঃ
সর্ব বিপদ হারিণ্যৈ নমঃ
সর্ব দুঃখ নাশিন্যৈ নমঃ
সর্ব মঙ্গল করিণ্যৈ নমঃ

ক্ষমা প্রার্থনা

আবাহনং ন জানামি ন জানামি তবার্চনম্ ।
পূজাং চৈব ন জানামি ক্ষম্যতাং পরমেশ্বরি ॥
মন্ত্রহীনং ক্রিয়াহীনং ভক্তিহীনং সুরেশ্বরি ।
যৎ পূজিতং ময়া দেবি পরিপূর্ণং তদস্তু মে ॥

পূজান্তে আচার

পূজা সম্পন্ন হওয়ার পর সকল ভক্তের মধ্যে প্রসাদ বিতরণ করা হয়। নারী ভক্তদের কপালে আলতা ও সিঁদুর দেওয়া যেতে পারে। এরপর ভক্তদের কবজিতে রক্ষা-সূত্র (পবিত্র সুতো) বাঁধা হয়।

বিসর্জন

প্রথমে বলুন—
"ওঁ মা বিপত্তারিণ্যৈ, ক্ষমস্ব"
এরপর ঘটের সামান্য নড়াচড়া করে ঘট-চালনা করুন।

উত্তমে শিখরে দেবি ভূম্যাং পর্বত মূর্ধনি ।
ব্রাহ্মণেভ্যো হ্যজ্ঞনাং গচ্ছ দেবি যথা-সুখম্ ॥

সমাপন জপ

ওঁ বিপত্তারিণ্যৈ নমঃ
সর্ব বিপদ হারিণ্যৈ নমঃ
সর্ব দুঃখ নাশিন্যৈ নমঃ
সর্ব মঙ্গল করিণ্যৈ নমঃ

শান্তি পাঠ

ওঁ দ্যৌঃ শান্তিঃ
অন্তরিক্ষং শান্তিঃ
পৃথিবী শান্তিরাপঃ শান্তিঃ
ওষধয়ঃ শান্তিঃ
বনস্পতয়ঃ শান্তিঃ
বিশ্বেদেবাঃ শান্তিঃ
ব্রহ্ম শান্তিঃ
সর্বং শান্তিঃ
শান্তিরেব শান্তিঃ
সা মা শান্তিরেধি
ওঁ শান্তিঃ শান্তিঃ শান্তিঃ ॥

শ্রী শ্রী বিপত্তারিণী পূজা

বাংলা পূজা পদ্ধতি

অবদান: অপর্ণা সেন নস্কর
সুজাতা সাহা
পূবা চক্রবর্তী
রত্না বিশ্বাস

প্রকাশক: ডিভাইনভারত

অবদান: অপর্ণা সেন নস্কর
সুজাতা সাহা
পূবা চক্রবর্তী
রত্না বিশ্বাস

প্রকাশক: ডিভাইনভারত

ISBN: 978-93-5679-693-5
Email: info@divinebharat.com
www.divinebharat.co